초등학교

생활
중국어

워크북

초등학교 생활 중국어 5 워크북

지은이 김지선, 조한나, 권승숙
펴낸이 임상진
펴낸곳 (주)넥서스

초판 1쇄 인쇄 2021년 1월 15일
초판 1쇄 발행 2021년 1월 20일

출판신고 1992년 4월 3일 제311-2002-2호
주소 10880 경기도 파주시 지목로 5
전화 (02)330-5500 팩스 (02)330-5555

ISBN 979-11-6165-859-9 64720
      979-11-6165-854-4 (세트)

www.nexusbook.com

시작부터 특별한 **어린이 중국어** 학습 프로그램

초등학교

생활 중국어 5

워크북

김지선·조한나·권승숙 지음
한국중국어교육개발원 감수

넥서스 CHINESE

머리글

이 책은 『초등학교 생활 중국어』 5권의 워크북입니다. 여러분은 워크북의 활동을 통하여, 메인북에서 학습한 내용과 연계하여 다양하게 연습할 수 있습니다. 메인북의 내용은 ❶ 문화, ❷ 읽기, ❸ 말하기, ❹ 놀이로 배우기, ❺ 간화자 쓰기, ❻ 연습해 보기, ❼ 사자성어 등의 일곱 가지 코너로 이루어져 있는데, 워크북은 줄 잇기와 빈칸 채우기, 십자 퍼즐, 간화자 쓰기 등의 다양하고 재미있는 활동을 통하여 메인북의 내용을 보충하여 익힐 수 있도록 구성하였습니다.

어린이 여러분은

❶ 워크북의 문제를 신나게 풀면서, 선생님께 배운 메인북의 학습 내용과 단어의 뜻, 발음을 생각해 보세요.

❷ 문제를 푸는 과정을 통하여 이미 배운 발음과 관련 단어를 응용해서 연습해 보세요.

선생님들께서는 교수 학습 자료, 또는 단원 평가용으로 활용하실 수도 있습니다.
학부모님들께서는 가정에서 '어린이가 스스로 학습'하는 자료로 활용하셔도 좋습니다.
이 워크북은 듣기와 쓰기 영역으로 나뉘어 있어서, 영역별 체크도 가능하답니다.

아무쪼록 이 워크북이 메인북에서 배운 내용을 탄탄하게 익히고,
학습자의 능력을 더욱 향상시키는 유용한 도구가 되기를 기대합니다.

지은이 일동

워크북 활용하기

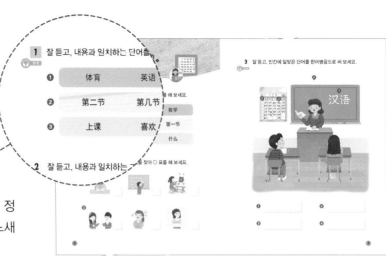

귀가 트이는 듣기 연습!

녹음에서 들려주는 중국어를 잘 듣고, 알맞은 정답을 골라 보세요. 반복해서 듣다 보면 어느새 중국어가 귀에 쏙쏙 들어옵니다.

놀이처럼 재미있는 문제!

그림 속 단어 맞히기, 가로세로 퍼즐 풀기, 줄 잇기, 빈칸 채우기 등 재미있고 다양한 문제를 풀어 보세요. 중국어에 자신감이 붙습니다.

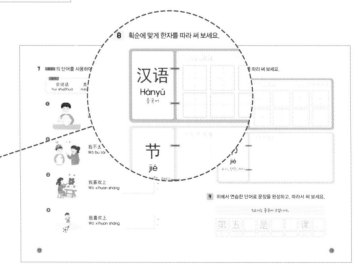

또박또박 중국어 쓰기!

중국어 단어를 큰 소리로 읽으면서 따라 씁니다. 특히 필순에 주의하면서 한 글자 한 글자 예쁘게 써 보세요.

차례

我喜欢上汉语课。

난 중국어 수업을 좋아해.

1 잘 듣고, 내용과 일치하는 단어를 찾아 ○ 표를 해 보세요.

① | 体育 | 英语 | 数学 |

② | 第二节 | 第几节 | 第一节 |

③ | 上课 | 喜欢 | 什么 |

2 잘 듣고, 내용과 일치하는 그림을 찾아 ○ 표를 해 보세요.

①

②

3 잘 듣고, 빈칸에 알맞은 단어를 한어병음으로 써 보세요.

①

②

③

④

4 보기 의 단어에 해당하는 한자를 찾아서 ○ 표를 해 보세요.

보기

Hànyǔ　　kāixīn　　yǔwén　　xíguàn　　Yīngyǔ

体	育	课	我	你	喜	欢
上	汉	语	课	开	不	太
愿	意	你	喜	心	欢	上
英	课	习	惯	课	说	话
美	语	文	术	数	学	语

5 단어나 구를 연결하여 문장을 완성해 보세요.

① 我不太会
Wǒ bú tài huì

美术课。
měishù kè.

② 体育课
Tǐyù kè

说话。
shuōhuà.

③ 我喜欢上
Wǒ xǐhuan shàng

很好玩儿。
hěn hǎowánr.

6 대화를 읽고 물음에 답해 보세요.

第三节是 ⓐ 课?
Dì-sān jié shì ⓐ kè?

第三节是语文课。
Dì-sān jié shì yǔwén kè.

我喜欢上语文课。你呢?
Wǒ xǐhuan shàng yǔwén kè. Nǐ ne?

ⓑ 我不太喜欢上语文课。
Wǒ bú tài xǐhuan shàng yǔwén kè.

我喜欢上 ⓒ 수학 课。
Wǒ xǐhuan shàng ⓒ 수학 kè.

① ⓐ에 들어갈 단어를 고르세요.

几 □
jǐ

什么 □
shénme

呢 □
ne

② ⓑ 문장의 뜻을 우리말로 쓰세요.

뜻

③ ⓒ에 해당하는 단어를 고르세요.

汉语 □
Hànyǔ

英语 □
Yīngyǔ

数学 □
shùxué

7 보기 의 단어를 사용하여 그림에 맞는 문장을 완성해 보세요.

보기

会说话　　　美术课　　　体育课　　　愿意
huì shuōhuà　měishù kè　tǐyù kè　yuànyì

① 我不太　　　　　　　　。
Wǒ bú tài

② 我不太　　　　　　　　。
Wǒ bú tài

③ 我喜欢上　　　　　　　　。
Wǒ xǐhuan shàng

④ 我喜欢上　　　　　　　　。
Wǒ xǐhuan shàng

8 획순에 맞게 한자를 따라 써 보세요.

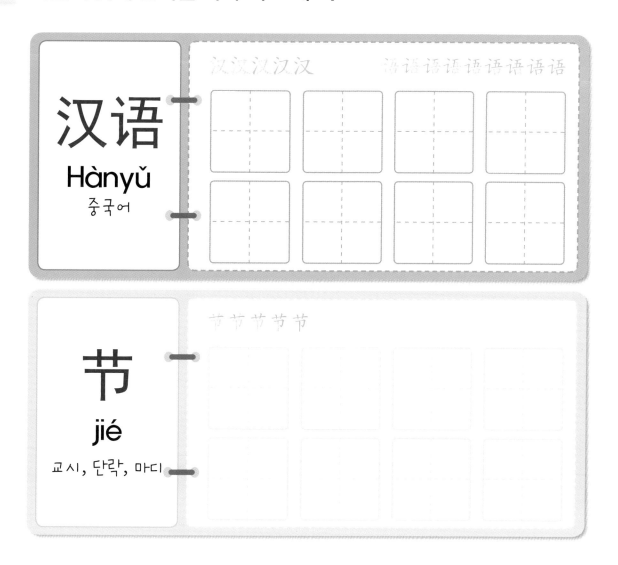

9 위에서 연습한 단어로 문장을 완성하고, 따라서 써 보세요.

 **2과**

我的铅笔不见了。

내 연필이 안 보여.

1 잘 듣고, 내용과 일치하는 단어를 찾아 ○ 표를 해 보세요.

❶ 铅笔盒　　　东西　　　本子

❷ 运动　　　打扫　　　找

❸ 吧　　　看见　　　一起

2 잘 듣고, 내용과 일치하는 그림을 찾아 ○ 표를 해 보세요.

❶

❷

3 잘 듣고, 빈칸에 알맞은 단어를 한어병음으로 써 보세요.

① 　　　　　　　　　　　② 　　　　　　　　　　　

③ 　　　　　　　　　　　④

4 설명 을 읽고 보기 에서 알맞은 병음을 골라 써 보세요. (성조 생략함)

보기

qianbi   xiangpi   yundong   yiqi   dasao

설명

1 [세로] 건강을 위해서 몸을 움직이거나 몸을 단련하는 것. 축구, 농구, 야구 등이 있어요.

2 [가로] '( )~吧'는 '같이 ~하자'라는 뜻이에요. ( ) 안에 들어갈 말은?

3 [가로] 더럽거나 어지러운 것을 쓸고 닦아서 깨끗하게 해요.

4 [세로] 글을 쓸 때 사용해요.

5 [가로] 글씨나 그림 등을 지우는 물건이에요.

5 단어를 순서대로 써서 문장을 완성해 보세요.

1 看见   我   没

나는 못 봤어.

2 吧   一起   我们   等

우리 함께 기다리자.

6 대화를 읽고 물음에 답해 보세요.

我的铅笔不 ⓐ 了。
Wǒ de qiānbǐ bú ⓐ le.

你看 ⓐ 我的铅笔了吗？
Nǐ kàn ⓐ wǒ de qiānbǐ le ma?

我没看 ⓐ 。
Wǒ méi kàn ⓐ .

ⓑ 我们一起找吧。
Wǒmen yìqǐ zhǎo ba.

这是我的铅笔。
Zhè shì wǒ de qiānbǐ.

ⓒ 你　东西　把　放好。
Nǐ dōngxi bǎ fànghǎo.

① ⓐ에 공통으로 들어갈 단어를 고르세요.

好 ☐　　　　完 ☐　　　　见 ☐
hǎo　　　　 wán　　　　 jiàn

② ⓑ 문장의 뜻을 우리말로 쓰세요.

뜻 _____

③ ⓒ의 문장을 올바르게 쓴 것을 고르세요.

你东西放好把。 ☐　　　　你把东西放好。 ☐
Nǐ dōngxi fànghǎo bǎ.　　　　Nǐ bǎ dōngxi fànghǎo.

你放好把东西。 ☐
Nǐ fànghǎo bǎ dōngxi.

7 그림에 맞는 문장을 보기 에서 골라 써 보세요.

我们一起等吧。
Wǒmen yìqǐ děng ba.

你把铅笔盒放好。
Nǐ bǎ qiānbǐhé fànghǎo.

我们一起努力吧。
Wǒmen yìqǐ nǔlì ba.

你把书放好。
Nǐ bǎ shū fànghǎo.

①

②

③

④

8 획순에 맞게 한자를 따라 써 보세요.

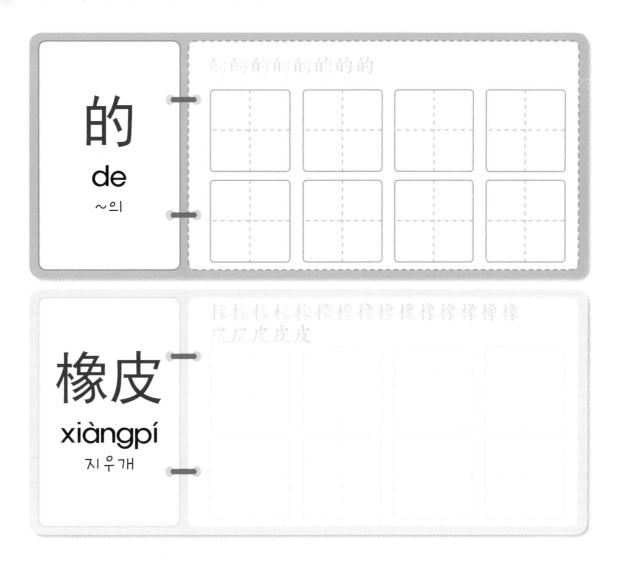

的
de
~의

橡皮
xiàngpí
지우개

9 위에서 연습한 단어로 문장을 완성하고, 따라서 써 보세요.

이게 네 지우개야?

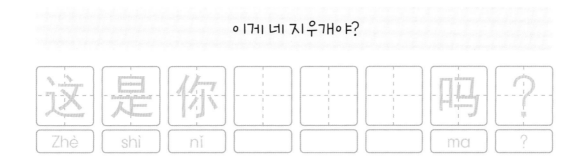

这	是	你				吗	?
Zhè	shì	nǐ				ma	?

我想当漫画家。
난 만화가가 되고 싶어.

1 잘 듣고, 내용과 일치하는 단어를 찾아 ○ 표를 해 보세요.

❶ 　　真　　　　　画　　　　　哇

❷ 　　当　　　　　想　　　　　棒

❸ 　设计师　　　　歌手　　　　播音员

2 잘 듣고, 내용과 일치하는 그림을 찾아 ○ 표를 해 보세요.

❶

❷

3 잘 듣고, 빈칸에 알맞은 단어를 한어병음으로 써 보세요.

❶

❷

❸

❹

4 보기 의 단어에 해당하는 한자를 찾아서 ○ 표를 해 보세요.

보기

mànhuàjiā   zuòjiā   yǎnyuán   shèjìshī   gēshǒu

记	者	播	音	作	员	画
设	家	漫	画	家	厨	歌
的	计	钢	琴	弹	师	手
做	我	师	你	想	当	什
记	者	喜	欢	演	员	么

5 단어나 구를 연결하여 문장을 완성해 보세요.

① 这像厨师
  Zhè xiàng chúshī   ·   ·   弹的一样。
                                                        tán de yíyàng.

② 我想当
  Wǒ xiǎng dāng   ·   ·   做的一样。
                                                        zuò de yíyàng.

③ 这像钢琴家
  Zhè xiàng gāngqínjiā   ·   ·   播音员。
                                                        bōyīnyuán.

6 대화를 읽고 물음에 답해 보세요.

这是我画的 ㉠ 만화 。怎么样?
Zhè shì wǒ huà de. Zěnmeyàng?

哇, 真棒!
Wā, zhēn bàng!

㉡ 这像漫画家画的一样。
Zhè xiàng mànhuàjiā huà de yíyàng.

㉢

我想当歌手。
Wǒ xiǎng dāng gēshǒu.

❶ ㉠에 해당하는 단어를 고르세요.

漫画家 ☐
mànhuàjiā

画 ☐
huà

漫画 ☐
mànhuà

❷ ㉡ 문장의 뜻을 우리말로 쓰세요.

뜻

❸ ㉢에 들어갈 문장을 바르게 쓴 것을 고르세요.

你当想什么? ☐
Nǐ dāng xiǎng shénme?

你想当什么? ☐
Nǐ xiǎng dāng shénme?

你什么当想? ☐
Nǐ shénme dāng xiǎng?

7 　보기　의 단어를 사용하여 그림에 맞는 문장을 완성해 보세요.

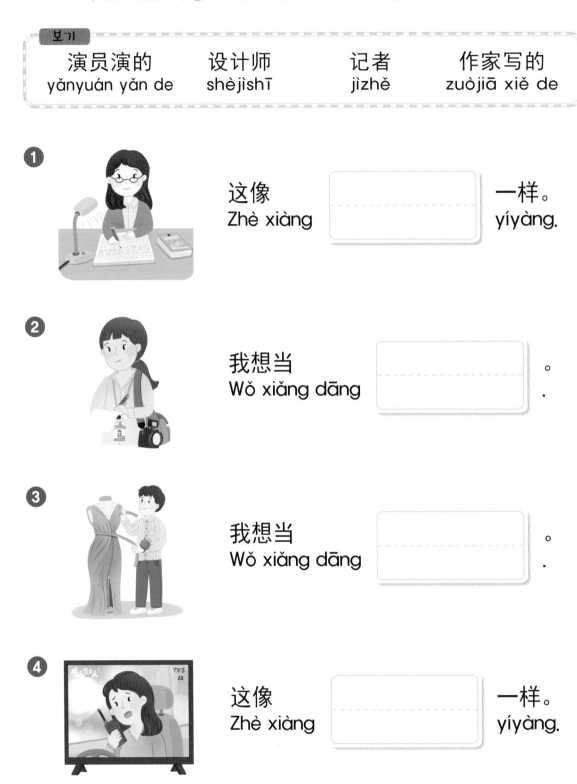

보기
演员演的	设计师	记者	作家写的
yǎnyuán yǎn de	shèjìshī	jìzhě	zuòjiā xiě de

① 这像 _____ 一样。
Zhè xiàng _____ yíyàng.

② 我想当 _____ 。
Wǒ xiǎng dāng _____ .

③ 我想当 _____ 。
Wǒ xiǎng dāng _____ .

④ 这像 _____ 一样。
Zhè xiàng _____ yíyàng.

8 획순에 맞게 한자를 따라 써 보세요.

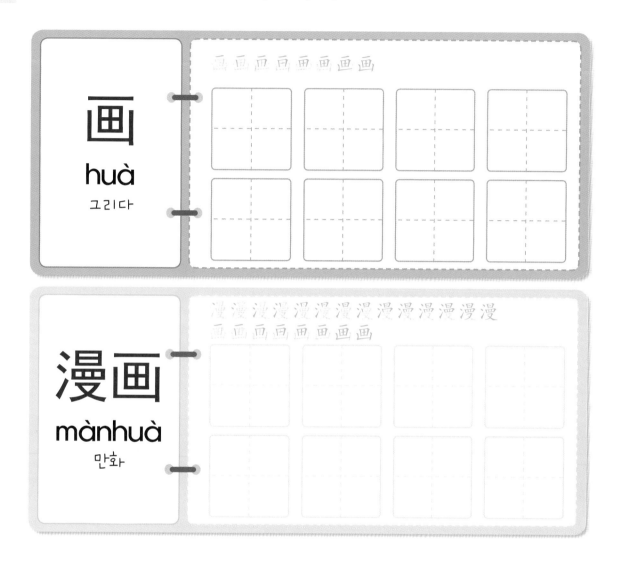

画
huà
그리다

漫画
mànhuà
만화

9 위에서 연습한 단어로 문장을 완성하고, 따라서 써 보세요.

이건 내가 그린 만화야.

这	是	我		的			。
Zhè	shì	wǒ		de			

4과 你能吃辣的吗?
너 매운 거 먹을 수 있어?

1 잘 듣고, 내용과 일치하는 단어를 찾아 ○ 표를 해 보세요.

4-1

❶ 吃　　　　菜　　　　多

❷ 酸　　　　辣　　　　甜

❸ 简单　　　慢　　　　远

2 잘 듣고, 내용과 일치하는 그림을 찾아 ○ 표를 해 보세요.

4-2

❶

❷

3 잘 듣고, 빈칸에 알맞은 단어를 한어병음으로 써 보세요.

①
②
③
④

4 설명 을 읽고 보기 에서 알맞은 병음을 골라 써 보세요.(성조 생략함)

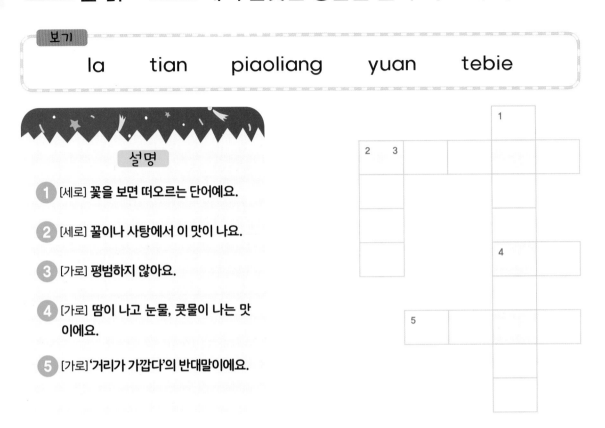

보기

la   tian   piaoliang   yuan   tebie

설명

1 [세로] 꽃을 보면 떠오르는 단어예요.

2 [세로] 꿀이나 사탕에서 이 맛이 나요.

3 [가로] 평범하지 않아요.

4 [가로] 땀이 나고 눈물, 콧물이 나는 맛
이에요.

5 [가로] '거리가 가깝다'의 반대말이에요.

5 단어를 순서대로 써서 문장을 완성해 보세요.

❶ 什么   这   菜   是

이건 무슨 요리야?

❷ 吃   我   的   能   辣

난 매운 거 먹을 수 있어.

6 대화를 읽고 물음에 답해 보세요.

哇,
Wā, ㉠ 이렇게 요리가 많다니, 정말 맛있어 보여!

这是什么菜?
Zhè shì shénme cài?

这是麻婆豆腐, ㉡ 有点儿辣。
Zhè shì mápódòufu, yǒudiǎnr là.

你 ㉢ 吃辣的吗?
Nǐ chī là de ma?

我 ㉢ 吃辣的。我特别喜欢吃麻婆豆腐。
Wǒ chī là de. Wǒ tèbié xǐhuan chī mápódòufu.

我们快尝尝吧。
Wǒmen kuài chángchang ba.

❶ ㉠의 문장을 올바르게 쓴 것을 고르세요.

这么菜多, 看起来真好吃!
Zhème cài duō, kànqǐlái zhēn hǎochī! ☐

这么多菜, 真好吃看起来!
Zhème duō cài, zhēn hǎochī kànqǐlái! ☐

这么多菜, 看起来真好吃!
Zhème duō cài, kànqǐlái zhēn hǎochī! ☐

❷ ㉡ 문장의 뜻을 우리말로 쓰세요.

뜻

❸ ㉢에 공통으로 들어갈 단어를 고르세요.

是 ☐   能 ☐   不 ☐
shì   néng   bù

7 그림에 맞는 문장을 보기 에서 골라 써 보세요.

보기

我能吃咸的。
Wǒ néng chī xián de.

你能吃酸的吗?
Nǐ néng chī suān de ma?

看起来真远。
Kànqǐlái zhēn yuǎn.

看起来真慢。
Kànqǐlái zhēn màn.

❶

❷

❸

❹

8 획순에 맞게 한자를 따라 써 보세요.

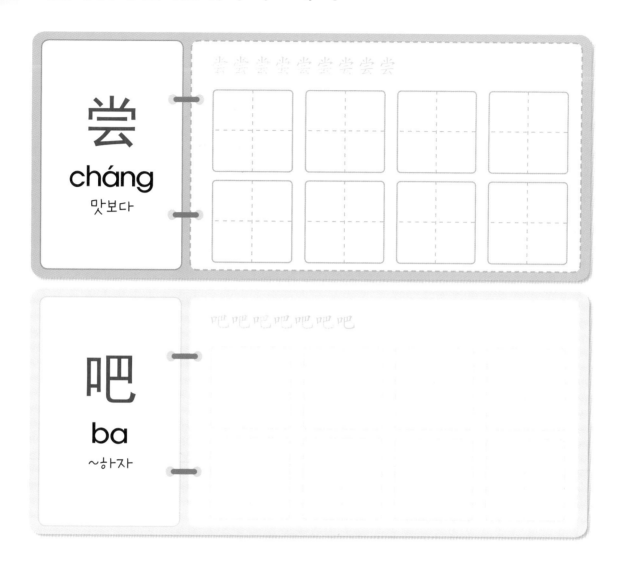

尝
cháng
맛보다

吧
ba
~하자

9 위에서 연습한 단어로 문장을 완성하고, 따라서 써 보세요.

우리 빨리 맛보자.

我 们 快 ⃝
Wǒ men kuài

5과 今天我们要考试。

오늘은 우리 시험을 볼 거야.

1 잘 듣고, 내용과 일치하는 단어를 찾아 ○ 표를 해 보세요.

🎧 5-1

❶

| 工作 | 旅游 | 爬山 |

❷

| 擦 | 贴 | 剪 |

❸

| 表演 | 打包 | 开始 |

2 잘 듣고, 내용과 일치하는 그림을 찾아 순서대로 번호를 써 보세요.

🎧 5-2

3 잘 듣고, 빈칸에 알맞은 단어를 한어병음으로 써 보세요.

1 [   ]

2 [   ]

3 [   ]

4 [   ]

4 보기 의 단어에 해당하는 한자를 찾아서 ○ 표를 해 보세요.

보기

| kǎoshì | biǎoyǎn | zhǔnbèi | dǎbāo | kāishǐ |

要	我	别	你	贴	剪
到	考	试	工	开	始
时	间	打	表	给	作
准	分	包	再	演	还
完	备	钟	今	天	那

5 단어나 구를 연결하여 문장을 완성해 보세요.

❶ 我还没
Wǒ hái méi
·   ·
要旅游。
yào lǚyóu.

❷ 今天我们
Jīntiān wǒmen
·   ·
五分钟。
wǔ fēnzhōng.

❸ 再给我
Zài gěi wǒ
·   ·
擦完。
cāwán.

6 대화를 읽고 물음에 답해 보세요.

今天我们要考试。 　ㄱ　?
Jīntiān wǒmen yào kǎoshì. ?

准备好了。
Zhǔnbèi hǎo le.

那开始考试吧。　　ㄴ 别看书。
Nà kāishǐ kǎoshì ba. Bié kàn shū.

时间到了。
Shíjiān dào le.

我还没写完。　老师，ㄷ 5분만 더 주세요.
Wǒ hái méi xiěwán. Lǎoshī,

❶ ㄱ에 들어갈 알맞은 문장을 고르세요.

今天我们要爬山 ☐ 我还没剪完 ☐
Jīntiān wǒmen yào páshān Wǒ hái méi jiǎnwán

大家准备好了吗 ☐
Dàjiā zhǔnbèi hǎo le ma

❷ ㄴ 문장의 뜻을 우리말로 쓰세요.

뜻

❸ ㄷ의 문장을 올바르게 쓴 것을 고르세요.

再给我五分钟。 ☐ 再我给五分钟。 ☐
Zài gěi wǒ wǔ fēnzhōng. Zài wǒ gěi wǔ fēnzhōng.

再给我分钟五。 ☐
Zài gěi wǒ fēnzhōng wǔ.

7 의 단어를 사용하여 그림에 맞는 문장을 완성해 보세요.

보기

旅游	开始	擦	吧	表演
lǚyóu	kāishǐ	cā	ba	biǎoyǎn

① 今天我们要
Jīntiān wǒmen yào _____。

② 我还没 _____ 完。
Wǒ hái méi _____ wán.

③ 今天我们要
Jīntiān wǒmen yào _____。

④ 那 _____ 考试 _____。
Nà _____ kǎoshì _____.

8 획순에 맞게 한자를 따라 써 보세요.

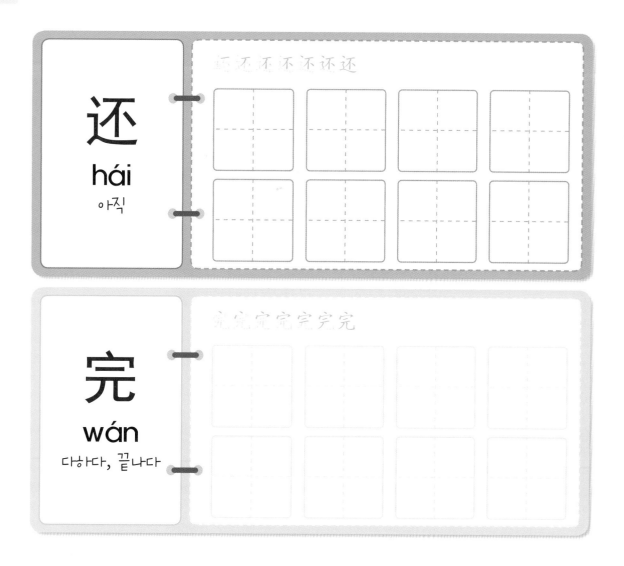

还 还 还 还 还 还 还

还
hái
아직

完 完 完 完 完 完 完

完
wán
다하다, 끝나다

9 위에서 연습한 단어로 문장을 완성하고, 따라서 써 보세요.

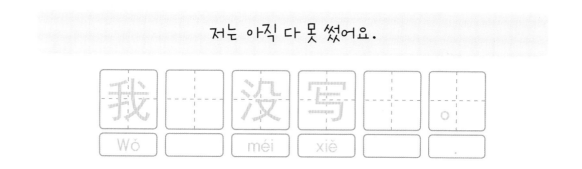

저는 아직 다 못 썼어요.

我 　 没 写 　 。
Wǒ 　 méi xiè 　 。

6과 你哪儿不舒服?

너 어디가 불편해?

1 잘 듣고, 내용과 일치하는 단어를 찾아 ○ 표를 해 보세요.

6-1

① 住院　　　感冒　　　看病

② 检查　　　嗓子　　　肚子

③ 腰　　　牙　　　疼

2 잘 듣고, 내용과 일치하는 그림을 찾아 순서대로 번호를 써 보세요.

6-2

38

3 잘 듣고, 빈칸에 알맞은 단어를 한어병음으로 써 보세요.

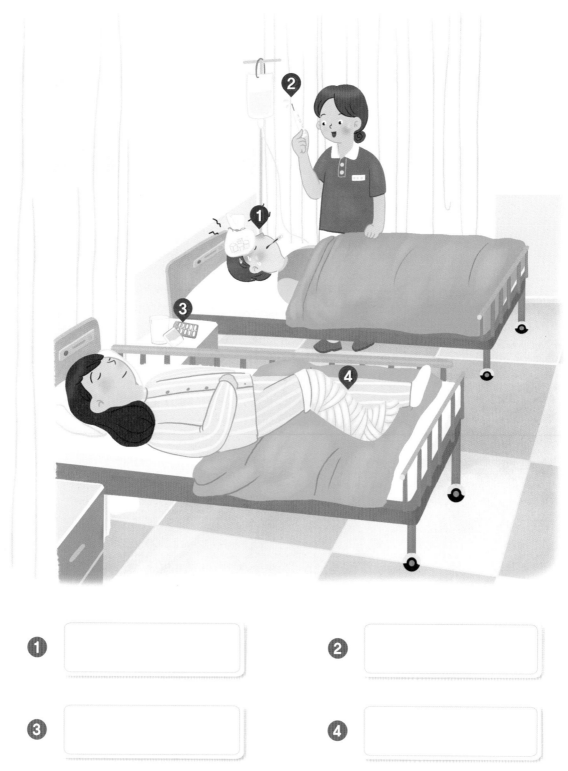

❶

❷

❸

❹

4 설명 을 읽고 보기 에서 알맞은 병음을 골라 써 보세요.(성조 생략함)

보기
kanbing   sangzi   fashao   ya   ganmao

설명

① [가로] 여기가 아프면 기침도 해요.

② [세로] 특히 겨울철에 이것에 걸리지 않도록 조심해야 해요.

③ [세로] 매일 양치질하면서 이것을 닦아요.

④ [가로] 병원에 가면 의사 선생님이 아픈 곳을 봐 주세요.

⑤ [가로] 몸의 온도가 높아졌어요.

	1			2	
	3				
4					
5					

5 단어를 순서대로 써서 문장을 완성해 보세요.

❶ 行   按时   就   检查

제때에 검사 받으면 돼.

❷ 哪儿   舒服   你   不

어디가 불편해요?

40

6 대화를 읽고 물음에 답해 보세요.

你哪儿不舒服?
Nǐ nǎr bù shūfu?

我嗓子 ⑤ 。
Wǒ sǎngzi

你从什么时候开始嗓子 ⑤ ?
Nǐ cóng shénme shíhou kāishǐ sǎngzi ?

我从昨天开始嗓子 ⑤ 。
Wǒ cóng zuótiān kāishǐ sǎngzi

ⓛ 今天还有发烧了。
Jīntiān háiyǒu fāshāo le.

你感冒了。
Nǐ gǎnmào le.

ⓒ 제때 약을 먹으면 돼요.

① ⑤에 공통으로 들어갈 단어를 고르세요.

疼
téng

舒服
shūfu

行
xíng

② ⓛ 문장의 뜻을 우리말로 쓰세요.

뜻

③ ⓒ의 문장을 올바르게 쓴 것을 고르세요.

按时吃就药行。
Ànshí chī jiù yào xíng.

按时吃药就行。
Ànshí chī yào jiù xíng.

按时就行吃药。
Ànshí jiù xíng chī yào.

7 그림에 맞는 문장을 [보기] 에서 골라 써 보세요.

1

2

3

4

8 획순에 맞게 한자를 따라 써 보세요.

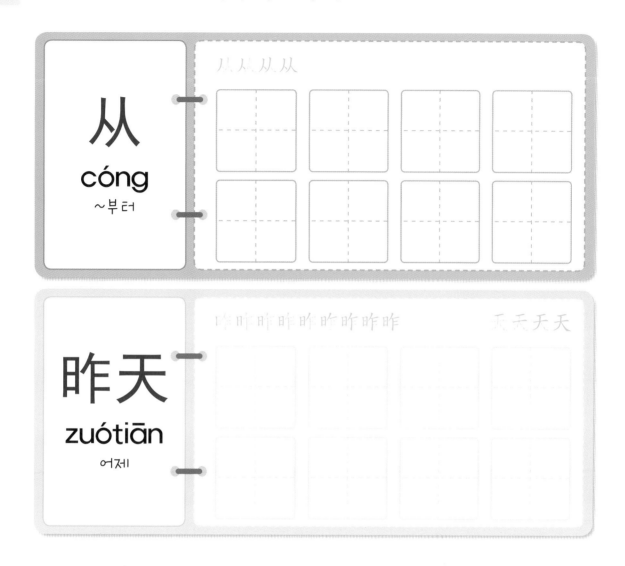

9 위에서 연습한 단어로 문장을 완성하고, 따라서 써 보세요.

나는 어제부터 목구멍이 아프기 시작했어.

7과 去校长室怎么走?
교장실은 어떻게 가?

1 잘 듣고, 내용과 일치하는 단어를 찾아 ○ 표를 해 보세요.

7-1

❶ 校长室	卫生室	北北
❷ 后边	对面	右边
❸ 东边	西边	南边

2 잘 듣고, 내용과 일치하는 그림을 찾아 순서대로 번호를 써 보세요.

7-2

3 잘 듣고, 빈칸에 알맞은 단어를 한어병음으로 써 보세요.

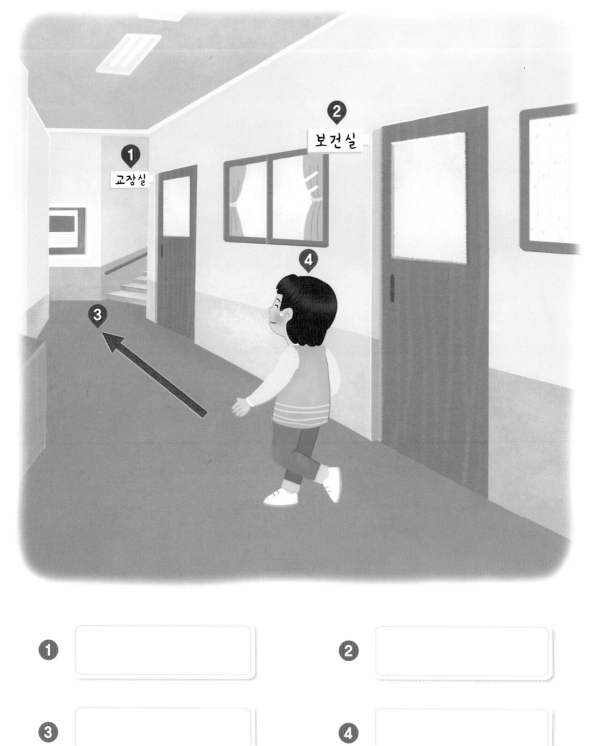

① _____

② _____

③ _____

④ _____

4 보기 의 단어에 해당하는 한자를 찾아서 ○ 표를 해 보세요.

보기

xiàozhǎngshì   zuǒbian   pángbiān
wèishēngshì   nánbian

就	东	校	长	室	前	哪
旁	边	北	和	后	去	儿
我	走	北	对	面	阿	丽
西	左	怎	么	边	右	南
往	边	在	卫	生	室	边

5 단어나 구를 연결하여 문장을 완성해 보세요.

① 阿丽和北北
Ālì hé Běibei
·   ·
怎么走？
zěnme zǒu?

② 去校长室
Qù xiàozhǎngshì
·   ·
在哪儿？
zài nǎr?

③ 往前走
Wǎng qián zǒu
·   ·
就是校长室。
jiù shì xiàozhǎngshì.

6 대화를 읽고 물음에 답해 보세요.

去校长室 ⓐ 走?
Qù xiàozhǎngshì zǒu?

ⓑ 往前走就是校长室。
Wǎng qián zǒu jiù shì xiàozhǎngshì.

卫生室在哪儿?
Wèishēngshì zài nǎr?

卫生室在校长室的 ⓒ 맞은편 。
Wèishēngshì zài xiàozhǎngshì de

1 ⓐ에 들어갈 단어를 고르세요.

哪儿 □
nǎr

什么 □
shénme

怎么 □
zěnme

2 ⓑ 문장의 뜻을 우리말로 쓰세요.

뜻

3 ⓒ에 해당하는 단어를 고르세요.

左边 □
zuǒbian

对面 □
duìmiàn

旁边 □
pángbiān

7 보기 의 단어를 사용하여 그림에 맞는 문장을 완성해 보세요.

보기

东边	右边	后边	前
dōngbian	yòubian	hòubian	qián

① 往 _____ 走就是校长室。
　 Wǎng _____ zǒu jiù shì xiàozhǎngshì.

② 往 _____ 走就是校长室。
　 Wǎng _____ zǒu jiù shì xiàozhǎngshì.

③ 卫生室在校长室的 _____ 。
　 Wèishēngshì zài xiàozhǎngshì de _____ .

④ 卫生室在校长室的 _____ 。
　 Wèishēngshì zài xiàozhǎngshì de _____ .

8 획순에 맞게 한자를 따라 써 보세요.

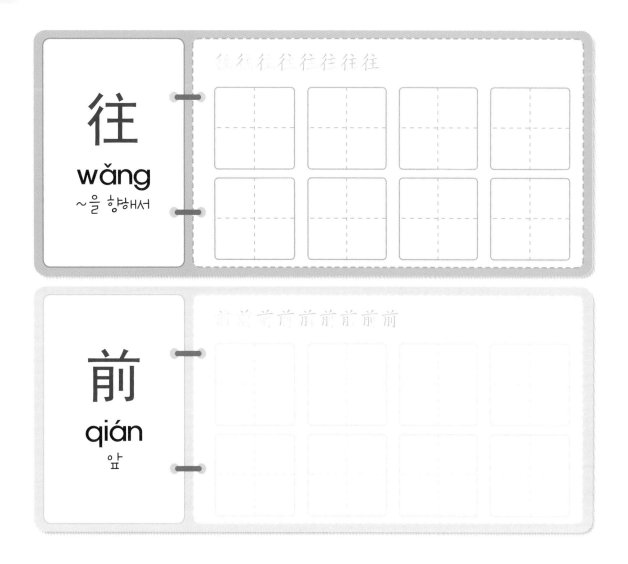

往
wǎng
~을 향해서

前
qián
앞

9 위에서 연습한 단어로 문장을 완성하고, 따라서 써 보세요.

앞으로 가면 바로 교장실이야.

走 就 是 校 长 室 。
zǒu jiù shì xiào zhǎng shi

8과 我坐地铁回家。

난 지하철 타고 집에 가.

1 잘 듣고, 내용과 일치하는 단어를 찾아 ○ 표를 해 보세요.

8-1

①	公共汽车	摩托车	火车
②	骑	坐	买
③	去银行	回家	去超市

2 잘 듣고, 내용과 일치하는 그림을 찾아 순서대로 번호를 써 보세요.

8-2

3 잘 듣고, 빈칸에 알맞은 단어를 한어병음으로 써 보세요.

❶

❷

❸

❹

4 설명 을 읽고 보기 에서 알맞은 병음을 골라 써 보세요.(성조 생략함)

보기

mai   mingtian   feiji   gonggongqiche   xin

설명

① [세로] 오늘의 다음날이에요.

② [가로] 여러 사람이 타는 교통수단이에요.

③ [세로] '팔다'의 반대말이에요.

④ [가로] 하늘을 나는 교통수단이에요.

⑤ [가로] '오래되다'의 반대말이에요.

5 단어를 순서대로 써서 문장을 완성해 보세요.

❶ 买   新   的   昨天

어제 새로 산 거야.

❷ 回家   怎么   你

넌 어떻게 집에 돌아가?

6 대화를 읽고 물음에 답해 보세요.

阿丽,
Ālì,

㉠ 이거 네 자전거야?

㉡ 好像新买的。
Hǎoxiàng xīn mǎi de.

对，昨天新买的。
Duì, zuótiān xīn mǎi de.

我 ㉢ 自行车回家。
Wǒ zìxíngchē huí jiā.

❶ ㉠의 문장을 올바르게 쓴 것을 고르세요.

这是自行车你的吗?
Zhè shì zìxíngchē nǐ de ma?

这是你的自行车吗?
Zhè shì nǐ de zìxíngchē ma?

你的自行车这是吗?
Nǐ de zìxíngchē zhè shì ma?

❷ ㉡ 문장의 뜻을 우리말로 쓰세요.

뜻

❸ ㉢에 들어갈 단어를 고르세요.

见
jiàn

坐
zuò

骑
qí

7 그림에 맞는 문장을 [보기] 에서 골라 써 보세요.

好像是外国人。
Hǎoxiàng shì wàiguórén.

我骑摩托车去超市。
Wǒ qí mótuōchē qù chāoshì.

我坐飞机去中国。
Wǒ zuò fēijī qù Zhōngguó.

好像见过你。
Hǎoxiàng jiànguo nǐ.

①

②

Hi~

③

④

슈퍼마켓

8 획순에 맞게 한자를 따라 써 보세요.

9 위에서 연습한 단어로 문장을 완성하고, 따라서 써 보세요.

정답

1과 8~9쪽

1과 我喜欢上汉语课。
난 중국어 수업을 좋아해.

1 잘 듣고, 내용과 일치하는 단어를 찾아 ○ 표를 해 보세요.

- ❶ 体育 / (英语) / 数学
- ❷ (第二节) / 第几节 / 第一节
- ❸ 上课 / (喜欢) / 什么

2 잘 듣고, 내용과 일치하는 그림을 찾아 ○ 표를 해 보세요.

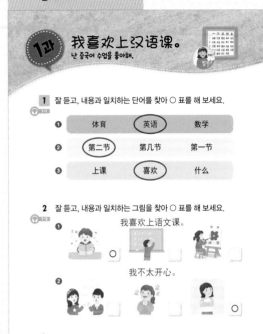

我喜欢上语文课。

我不太开心。

3 잘 듣고, 빈칸에 알맞은 단어를 한어병음으로 써 보세요.

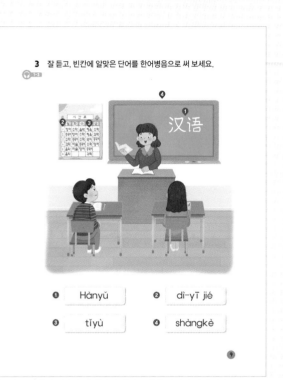

- ❶ Hànyǔ
- ❷ dì-yī jié
- ❸ tǐyù
- ❹ shàngkè

❽

❾

1과 10~11쪽

4 보기 의 단어에 해당하는 한자를 찾아서 ○ 표를 해 보세요.

보기
Hànyǔ kāixīn yǔwén xíguàn Yīngyǔ

体	育	课	我	你	喜	欢
上	汉	语	课	开	不	太
愿	意	你	喜	心	欢	上
英	课	习	惯	课	说	话
美	语	文	术	数	学	语

5 단어나 구를 연결하여 문장을 완성해 보세요.

- ❶ 我不太会 Wǒ bú tài huì — 说话。shuōhuà.
- ❷ 体育课 Tǐyù kè — 很好玩儿。hěn hǎowánr.
- ❸ 我喜欢上 Wǒ xǐhuan shàng — 美术课。měishù kè.

6 대화를 읽고 물음에 답해 보세요.

第三节是 ⊙ 课?
Dì-sān jié shì [ㄱ] kè?

第三节是语文课。
Dì-sān jié shì yǔwén kè.
我喜欢上语文课。你呢?
Wǒ xǐhuan shàng yǔwén kè. Nǐ ne?

ⓒ 我不太喜欢上语文课。
Wǒ bú tài xǐhuan shàng yǔwén kè.
我喜欢上 ⓒ 수학 课。
Wǒ xǐhuan shàng [ㄷ] kè.

❶ ㉠에 들어갈 단어를 고르세요.
几 jǐ / 什么 shénme ○ / 呢 ne

❷ ㉡ 문장의 뜻을 우리말로 쓰세요.
난 국어 수업을 별로 좋아하지 않아.

❸ ㉢에 해당하는 단어를 고르세요.
汉语 Hànyǔ / 英语 Yīngyǔ / 数学 shùxué ○

❿

⓫

56

7 보기 의 단어를 사용하여 그림에 맞는 문장을 완성해 보세요.

> 보기
>
> | 会说话 | 美术课 | 体育课 | 愿意 |
> |---|---|---|---|
> | huì shuōhuà | měishù kè | tǐyù kè | yuànyì |

❶ 我不太 | 愿意 |。
Wǒ bú tài | yuànyì |.

❷ 我不太 | 会说话 |。
Wǒ bú tài | huì shuōhuà |.

❸ 我喜欢上 | 美术课 |。
Wǒ xǐhuan shàng | měishù kè |.

❹ 我喜欢上 | 体育课 |。
Wǒ xǐhuan shàng | tǐyù kè |.

8 획순에 맞게 한자를 따라 써 보세요.

汉语
Hànyǔ
중국어

节
jié
교시, 단락, 마디

9 위에서 연습한 단어로 문장을 완성하고, 따라서 써 보세요.

5교시는 중국어 수업이야.

第	五	节	是	汉	语	课	。
Dì	wǔ	jié	shì	Hàn	yǔ	kè	.

12

13

2과 我的铅笔不见了。
내 연필이 안 보여.

1 잘 듣고, 내용과 일치하는 단어를 찾아 ○ 표를 해 보세요.

❶ 铅笔盒 ⬭东西⬭ 本子

❷ ⬭运动⬭ 打扫 找

❸ 吧 ⬭看见⬭ 一起

2 잘 듣고, 내용과 일치하는 그림을 찾아 ○ 표를 해 보세요.

❶ 这是我的书。

○

❷ 我们一起打扫吧。

○

3 잘 듣고, 빈칸에 알맞은 단어를 한어병음으로 써 보세요.

❶ | zhǎo | ❷ | yìqǐ |

❸ | fàng | ❹ | qiānbǐ |

14

15

4 성명 을 읽고 보기 에서 알맞은 병음을 골라 써 보세요.(성조 생략함)

보기
| qianbi | xiangpi | yundong | yiqi | dasao |

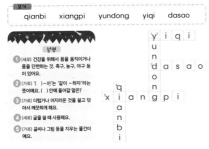

성명
① [세로] 건강을 위해서 몸을 움직이거나 몸을 단련하는 것. 축구, 농구, 야구 등이 있어요.
② [가로] ( )~吧는 '같이 ~하자'라는 뜻이에요. ( ) 안에 들어갈 말은?
③ [가로] 더럽거나 어지러운 것을 쓸고 닦아서 깨끗하게 해요.
④ [세로] 글을 쓸 때 사용해요.
⑤ [가로] 글씨나 그림 등을 지우는 물건이에요.

```
        y i q i
        u
        n d a s a o
        o
        n
  x i a n g p i
        q
        i
        a
        n
        b
        i
```

5 단어를 순서대로 써서 문장을 완성해 보세요.

❶ 看见　我　没

나는 못 봤어. → 我没看见。

❷ 吧　一起　我们　等

우리 함께 기다리자. → 我们一起等吧。

6 대화를 읽고 물음에 답해 보세요.

我的铅笔不 ㉠ 了。
Wǒ de qiānbǐ bú ___ le.
你看 ㉠ 我的铅笔了吗?
Nǐ kàn ___ wǒ de qiānbǐ le ma?

我没看 ㉠ 。
Wǒ méi kàn ___.
㉡ 我们一起找吧。
Wǒmen yìqǐ zhǎo ba.

这是我的铅笔。
Zhè shì wǒ de qiānbǐ.

㉢ 你 东西 把 放好。
Nǐ dōngxi bǎ fànghǎo.

① ㉠에 공통으로 들어갈 단어를 고르세요.
好 hǎo ☐　完 wán ☐　见 jiàn ○

② ㉡ 문장의 뜻을 우리말로 쓰세요.
뜻 [우리 함께 찾아보자]

③ ㉢의 문장을 올바르게 쓴 것을 고르세요.
你东西放好把。 Nǐ dōngxi fànghǎo bǎ. ☐
你把东西放好。 Nǐ bǎ dōngxi fànghǎo. ○
你放好把东西。 Nǐ fànghǎo bǎ dōngxi. ☐

7 그림에 맞는 문장을 보기 에서 골라 써 보세요.

보기
我们一起等吧。 Wǒmen yìqǐ děng ba.
你把铅笔盒放好。 Nǐ bǎ qiānbǐhé fànghǎo.
我们一起努力吧。 Wǒmen yìqǐ nǔlì ba.
你把书放好。 Nǐ bǎ shū fànghǎo.

❶
我们一起努力吧。
Wǒmen yìqǐ nǔlì ba.

❷
你把书放好。
Nǐ bǎ shū fànghǎo.

❸
你把铅笔盒放好。
Nǐ bǎ qiānbǐhé fànghǎo.

❹
我们一起等吧。
Wǒmen yìqǐ děng ba.

8 획순에 맞게 한자를 따라 써 보세요.

的
de
~의

橡皮
xiàngpí
지우개

9 위에서 연습한 단어로 문장을 완성하고, 따라서 써 보세요.

이거 네 지우개야?

这 是 你 的 橡 皮 吗 ?
Zhè shì nǐ de xiàng pí ma ?

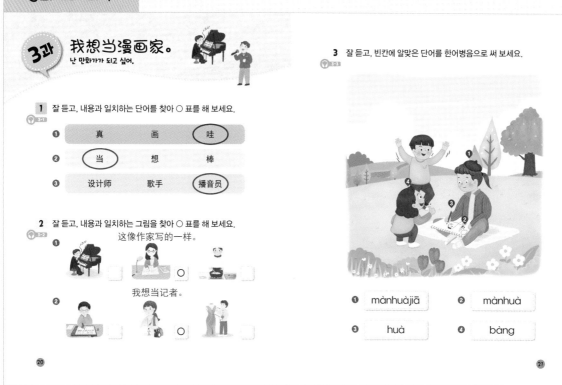

3과 我想当漫画家。
난 만화가가 되고 싶어.

1 잘 듣고, 내용과 일치하는 단어를 찾아 ○ 표를 해 보세요.

❶ 真　　画　　⬭哇⬭

❷ ⬭当⬭　　想　　棒

❸ 设计师　　歌手　　⬭播音员⬭

2 잘 듣고, 내용과 일치하는 그림을 찾아 ○ 표를 해 보세요.

这像作家写的一样。

❶

我想当记者。

❷

3 잘 듣고, 빈칸에 알맞은 단어를 한어병음으로 써 보세요.

❶ mànhuàjiā　　❷ mànhuà

❸ huà　　❹ bàng

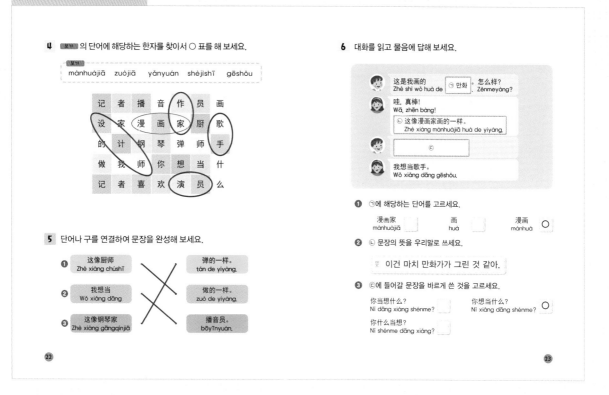

4 [보기]의 단어에 해당하는 한자를 찾아서 ○ 표를 해 보세요.

보기
mànhuàjiā　zuòjiā　yǎnyuán　shèjìshī　gēshǒu

```
记 者 播 音 作 员 画
设 家 漫 画 家 厨 歌
的 计 钢 琴 弹 师 手
做 我 师 你 想 当 什
记 者 喜 欢 演 员 么
```

5 단어나 구를 연결하여 문장을 완성해 보세요.

❶ 这像厨师
Zhè xiàng chúshī

❷ 我想当
Wǒ xiǎng dāng

❸ 这像钢琴家
Zhè xiàng gāngqínjiā

弹的一样。
tán de yíyàng.

做的一样。
zuò de yíyàng.

播音员。
bōyīnyuán.

6 대화를 읽고 물음에 답해 보세요.

这是我画的 ㉠ 만화 怎么样？
Zhè shì wǒ huà de　　Zěnmeyàng?

哇，真棒！
Wā, zhēn bàng!

㉡ 这像漫画家画的一样。
Zhè xiàng mànhuàjiā huà de yíyàng.

㉢

我想当歌手。
Wǒ xiǎng dāng gēshǒu.

❶ ㉠에 해당하는 단어를 고르세요.

漫画家　　画　　漫画 ○
mànhuàjiā　　huà　　mànhuà

❷ ㉡ 문장의 뜻을 우리말로 쓰세요.

뜻 이건 마치 만화가가 그린 것 같아.

❸ ㉢에 들어갈 문장을 바르게 쓴 것을 고르세요.

你当想什么？　　你想当什么？ ○
Nǐ dāng xiǎng shénme?　　Nǐ xiǎng dāng shénme?

你什么当想？
Nǐ shénme dāng xiǎng?

7 보기 의 단어를 사용하여 그림에 맞는 문장을 완성해 보세요.

보기

演员演的	设计师	记者	作家写的
yǎnyuán yǎn de	shèjìshī	jìzhě	zuòjiā xiě de

①
这像　　作家写的　　一样。
Zhè xiàng　zuòjiā xiě de　yíyàng.

②
我想当　　记者
Wǒ xiǎng dāng　jìzhě

③
我想当　　设计师
Wǒ xiǎng dāng　shèjìshī

④
这像　　演员演的　　一样。
Zhè xiàng　yǎnyuán yǎn de　yíyàng.

8 획순에 맞게 한자를 따라 써 보세요.

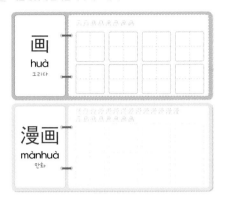

9 위에서 연습한 단어로 문장을 완성하고, 따라서 써 보세요.

이건 내가 그린 만화야.

这 是 我 画 的 漫 画 。
Zhè shì wǒ huà de màn huà

4과 你能吃辣的吗?
너 매운 거 먹을 수 있어?

1 잘 듣고, 내용과 일치하는 단어를 찾아 ○ 표를 해 보세요.

① 吃　(菜)　多

② 酸　辣　(甜)

③ (简单)　慢　远

2 잘 듣고, 내용과 일치하는 그림을 찾아 ○ 표를 해 보세요.

看起来真慢。

①

你能吃苦的吗?

②

3 잘 듣고, 빈칸에 알맞은 단어를 한어병음으로 써 보세요.

① mápódòufu　　② hǎochī

③ là　　④ piàoliang

4 설명 을 읽고 보기 에서 알맞은 병음을 골라 써 보세요.(성조 생략함)

보기

| la | tian | piaoliang | yuan | tebie |

설명

① [세로] 꽃을 보면 떠오르는 단어예요.

② [세로] 꿀이나 사탕이 이 맛이 나요.

③ [가로] 평범하지 않아요.

④ [가로] 땀이 나고 눈물, 콧물이 나는 맛이에요.

⑤ [가로] '거리가 가깝다'의 반대말이에요.

```
        ²t  e  b  i  e        ¹p
        i                      i
        a                  ⁴l  a
        n                      o
                               l
                               i
  ⁵y  u  a  n                   a
                               n
                               g
```

5 단어를 순서대로 써서 문장을 완성해 보세요.

① 什么 这 菜 是

이건 무슨 요리야?　　　这是什么菜?

② 吃 我 的 能 辣

난 매운 거 먹을 수 있어.　　　我能吃辣的。

6 대화를 읽고 물음에 답해 보세요.

哇, Wā, ⊙ 이렇게 요리가 많다니, 정말 맛있어 보여!
这是什么菜?
Zhè shì shénme cài?

这是麻婆豆腐, ⓒ 有点儿辣。
Zhè shì mápódòufu, yǒudiǎnr là.
你 ⓒ 吃辣的吗?
Nǐ ⓒ chī là de ma?

我 ⓒ 吃辣的。我特别喜欢吃麻婆豆腐。
Wǒ ⓒ chī là de. Wǒ tèbié xǐhuan chī mápódòufu.

我们快尝尝吧。
Wǒmen kuài chángchang ba.

① ⊙의 문장을 올바르게 쓴 것을 고르세요.

这么菜多, 看起来真好吃!
Zhème cài duō, kànqǐlái zhēn hǎochī! ▢

这么多菜, 真好吃看起来!
Zhème duō cài, zhēn hǎochī kànqǐlái! ▢

这么多菜, 看起来真好吃!
Zhème duō cài, kànqǐlái zhēn hǎochī! ◯

② ⓒ 문장의 뜻을 우리말로 쓰세요.

뜻　　　조금 매워.

③ ⓒ에 공통으로 들어갈 단어를 고르세요.

是　　　　能　　　　不
shì ▢　　　néng ◯　　　bù ▢

28　　　　　　　　　　　　　29

---

7 그림에 맞는 문장을 보기 에서 골라 써 보세요.

보기

我能吃咸的。　　　你能吃酸的吗?
Wǒ néng chī xián de.　　　Nǐ néng chī suān de ma?
看起来真远。　　　看起来真慢。
Kànqǐlái zhēn yuǎn.　　　Kànqǐlái zhēn màn.

① 看起来真远。
Kànqǐlái zhēn yuǎn.

② 看起来真慢。
Kànqǐlái zhēn màn.

③ 你能吃酸的吗?
Nǐ néng chī suān de ma?

④ 我能吃咸的。
Wǒ néng chī xián de.

8 획순에 맞게 한자를 따라 써 보세요.

尝
cháng
맛보다

吧
ba
~하자

9 위에서 연습한 단어로 문장을 완성하고, 따라서 써 보세요.

우리 빨리 맛보자.

我 们 快 尝 尝 吧 。
Wǒ men kuài cháng chang ba

30　　　　　　　　　　　　　31

5과 今天我们要考试。
오늘은 우리 시험을 볼 거야.

1 잘 듣고, 내용과 일치하는 단어를 찾아 ○ 표를 해 보세요.

❶ 工作　　旅游　　(爬山)

❷ 擦　　(贴)　　剪

❸ (表演)　　打包　　开始

2 잘 듣고, 내용과 일치하는 그림을 찾아 순서대로 번호를 써 보세요.

1　　　3　　　2

① 那开始考试吧，别看书。
② 时间到了。
③ 老师，再给我五分钟。

32

3 잘 듣고, 빈칸에 알맞은 단어를 한어병음으로 써 보세요.

❶ kǎoshì　　❷ shíjiān

❸ shū　　❹ lǎoshī

33

---

4 보기 의 단어에 해당하는 한자를 찾아서 ○ 표를 해 보세요.

보기
kǎoshì　biǎoyǎn　zhǔnbèi　dǎbāo　kāishǐ

要	我	别	你	贴	剪
到	考	试	工	开	始
时	间	打	表	给	作
准	分	包	再	演	还
完	备	钟	今	天	那

5 단어나 구를 연결하여 문장을 완성해 보세요.

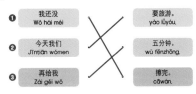

❶ 我还没
Wǒ hái méi

❷ 今天我们
Jīntiān wǒmen

❸ 再给我
Zài gěi wǒ

要旅游。
yào lǚyóu.

五分钟。
wǔ fēnzhōng.

擦完。
cāwán.

34

6 대화를 읽고 물음에 답해 보세요.

今天我们要考试。　⊙　?
Jīntiān wǒmen yào kǎoshì.　?

准备好了。
Zhǔnbèi hǎo le.

那开始考试吧。　ⓒ 别看书。
Nà kāishǐ kǎoshì ba.　Bié kàn shū.

时间到了。
Shíjiān dào le.

我还没写完。　老师，ⓒ 5분만 더 주세요.
Wǒ hái méi xiěwán.　Lǎoshī,

❶ ⊙에 들어갈 알맞은 문장을 고르세요.

今天我们要爬山　　　　我还没剪完
Jīntiān wǒmen yào páshān　　Wǒ hái méi jiǎnwán

大家准备好了吗 ○
Dàjiā zhǔnbèi hǎo le ma

❷ ⓒ 문장의 뜻을 우리말로 쓰세요.

뜻　책을 보지 마세요.

❸ ⓒ의 문장을 올바르게 쓴 것을 고르세요.

再给我五分钟。 ○　　　再我给五分钟。
Zài gěi wǒ wǔ fēnzhōng.　　Zài wǒ gěi wǔ fēnzhōng.

再给我分钟五。
Zài gěi wǒ fēnzhōng wǔ.

35

7 보기 의 단어를 사용하여 그림에 맞는 문장을 완성해 보세요.

보기
旅游 lǚyóu   开始 kāishǐ   擦 cā   吧 ba   表演 biǎoyǎn

❶ 今天我们要 表演 。
Jīntiān wǒmen yào biǎoyǎn

❷ 我还没 擦 完。
Wǒ hái méi cā wán.

❸ 今天我们要 旅游 。
Jīntiān wǒmen yào lǚyóu

❹ 那 开始 考试 吧 。
Nà kāishǐ kǎoshì ba

8 획순에 맞게 한자를 따라 써 보세요.

还 hái 아직

完 wán 다하다, 끝나다

9 위에서 연습한 단어로 문장을 완성하고, 따라서 써 보세요.

저는 아직 다 못 썼어요.

我 还 没 写 完 。
Wǒ hái méi xiě wán

6과 你哪儿不舒服?
너 어디가 불편해?

1 잘 듣고, 내용과 일치하는 단어를 찾아 ○ 표를 해 보세요.

❶ (住院)   感冒   看病

❷ 检查   嗓子   (肚子)

❸ 腰   (牙)   疼

2 잘 듣고, 내용과 일치하는 그림을 찾아 순서대로 번호를 써 보세요.

1   3   2

① 你哪儿不舒服?
② 我从昨天开始腰疼。
③ 按时吃药就行。

3 잘 듣고, 빈칸에 알맞은 단어를 한어병음으로 써 보세요.

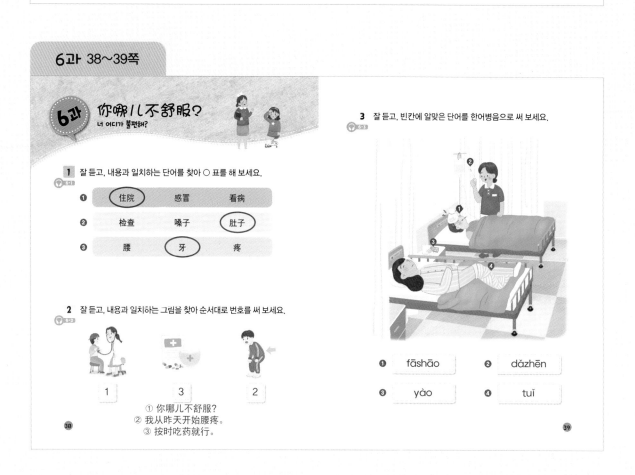

❶ fāshāo   ❷ dǎzhēn

❸ yào   ❹ tuǐ

4 설명 을 읽고 보기 에서 알맞은 병음을 골라 써 보세요. (성조 생략함)

보기

| kanbing | sangzi | fashao | ya | ganmao |

설명

① [가로] 여기가 아프면 기침도 해요.

② [세로] 특히 겨울철에 이것에 걸리지 않도록 조심해야 해요.

③ [세로] 매일 양치질하면서 이것을 닦아요.

④ [가로] 병원에 가면 의사 선생님이 아픈 곳을 봐 주세요.

⑤ [가로] 몸의 온도가 높아졌어요.

5 단어를 순서대로 써서 문장을 완성해 보세요.

❶ 行　按时　就　检查

제때에 검사 받으면 돼. → 按时检查就行。

❷ 哪儿　舒服　你　不

어디가 불편해요? → 你哪儿不舒服？

6 대화를 읽고 물음에 답해 보세요.

你哪儿不舒服？
Nǐ nǎr bù shūfu?

我嗓子　㉠　。
Wǒ sǎngzi

你从什么时候开始嗓子　㉠　？
Nǐ cóng shénme shíhou kāishǐ sǎngzi

我从昨天开始嗓子　㉠
Wǒ cóng zuótiān kāishǐ sǎngzi

㉡ 今天还有发烧了。
Jīntiān háiyǒu fāshāo le.

你感冒了。　㉢ 제때 약을 먹으면 돼요.
Nǐ gǎnmào le.

❶ ㉠에 공통으로 들어갈 단어를 고르세요.

疼 〇 téng　　舒服 shūfu　　行 xíng

❷ ㉡ 문장의 뜻을 우리말로 쓰세요.

뜻　오늘은 또 열도 나요.

❸ ㉢의 문장을 올바르게 쓴 것을 고르세요.

按时吃就药行。
Ànshí chī jiù yào xíng.

按时吃药就行。〇
Ànshí chī yào jiù xíng.

按时就行吃药。
Ànshí jiù xíng chī yào.

7 그림에 맞는 문장을 보기 에서 골라 써 보세요.

보기

我嗓子疼。
Wǒ sǎngzi téng.

你感冒了。
Nǐ gǎnmào le.

我从昨天开始腿疼。
Wǒ cóng zuótiān kāishǐ tuǐ téng.

按时住院就行。
Ànshí zhùyuàn jiù xíng.

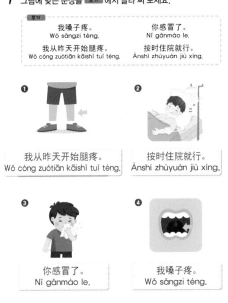

❶ 我从昨天开始腿疼。
Wǒ cóng zuótiān kāishǐ tuǐ téng.

❷ 按时住院就行。
Ànshí zhùyuàn jiù xíng.

❸ 你感冒了。
Nǐ gǎnmào le.

❹ 我嗓子疼。
Wǒ sǎngzi téng.

8 획순에 맞게 한자를 따라 써 보세요.

从
cóng
~부터

昨天
zuótiān
어제

9 위에서 연습한 단어로 문장을 완성하고, 따라서 써 보세요.

나는 어제부터 목구멍이 아프기 시작했어.

| 我 | 从 | 昨 | 天 | 开 | 始 | 嗓 | 子 | 疼 | 。 |
| Wǒ | cóng | zuó | tiān | kāi | shǐ | sǎng | zi | téng | . |

7과 去校长室怎么走？
교장실은 어떻게 가?

1 잘 듣고, 내용과 일치하는 단어를 찾아 ○ 표를 해 보세요.

①	校长室	卫生室	北北
②	后边	对面	右边
③	东边	西边	南边

2 잘 듣고, 내용과 일치하는 그림을 찾아 순서대로 번호를 써 보세요.

| 2 | 3 | 1 |

① 阿丽和北北在哪儿？
② 阿丽在校长室。
③ 北北在卫生室。

44

3 잘 듣고, 빈칸에 알맞은 단어를 한어병음으로 써 보세요.

| ❶ xiàozhǎngshì | ❷ wèishēngshì |
| ❸ qián | ❹ zǒu |

45

4 [보기] 의 단어에 해당하는 한자를 찾아서 ○ 표를 해 보세요.

보기
xiàozhǎngshi   zuǒbian   pángbiān
wèishēngshi   nánbian

就	东	校	长	室	前	哪
旁	边	北	和	后	去	儿
我	走	北	对	面	阿	丽
西	左	怎	么	边	右	南
往	边	在	卫	生	室	边

5 단어나 구를 연결하여 문장을 완성해 보세요.

❶ 阿丽和北北
Āli hé Běibei

❷ 去校长室
Qù xiàozhǎngshi

❸ 往前走
Wǎng qián zǒu

怎么走？
zěnme zǒu?

在哪儿？
zài nǎr?

就是校长室。
jiù shi xiàozhǎngshi.

46

6 대화를 읽고 물음에 답해 보세요.

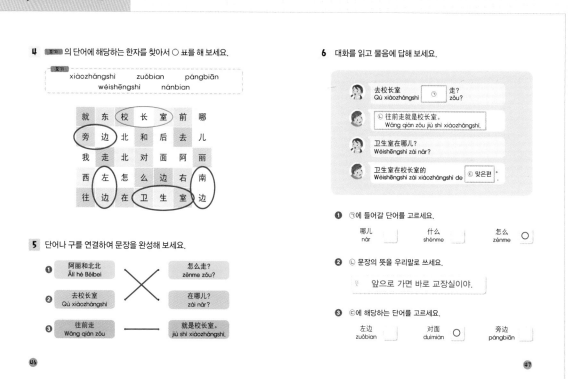

去校长室 ㉠ 走？
Qù xiàozhǎngshi ____ zǒu?

㉡往前走就是校长室。
Wǎng qián zǒu jiù shi xiàozhǎngshi.

卫生室在哪儿？
Wèishēngshi zài nǎr?

卫生室在校长室的 ㉢ 맞은편 。
Wèishēngshi zài xiàozhǎngshi de ____.

❶ ㉠에 들어갈 단어를 고르세요.

| 哪儿 | 什么 | 怎么 ○ |
| nǎr | shènme | zěnme |

❷ ㉡ 문장의 뜻을 우리말로 쓰세요.

뜻 | 앞으로 가면 바로 교장실이야. |

❸ ㉢에 해당하는 단어를 고르세요.

| 左边 | 对面 ○ | 旁边 |
| zuǒbian | duìmiàn | pángbiān |

47

65

7 보기 의 단어를 사용하여 그림에 맞는 문장을 완성해 보세요.

보기

东边	右边	后边	前
dōngbian	yòubian	hòubian	qián

①

往 Wǎng 　前 qián 　走就是校长室。 zǒu jiù shì xiàozhǎngshì.

②

往 Wǎng 　东边 dōngbian 　走就是校长室。 zǒu jiù shì xiàozhǎngshì.

③

卫生室在校长室的 Wèishēngshì zài xiàozhǎngshì de 　后边 hòubian 。

④

卫生室在校长室的 Wèishēngshì zài xiàozhǎngshì de 　右边 yòubian 。

8 획순에 맞게 한자를 따라 써 보세요.

往 wǎng ~을 향해서

前 qián 앞

9 위에서 연습한 단어로 문장을 완성하고, 따라서 써 보세요.

앞으로 가면 바로 교장실이야.

往	前	走	就	是	校	长	室	。
Wǎng	qián	zǒu	jiù	shì	xiào	zhǎng	shì	

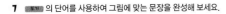

8과 我坐地铁回家。
난 지하철 타고 집에 가.

1 잘 듣고, 내용과 일치하는 단어를 찾아 ○ 표를 해 보세요.

① 公共汽车　　摩托车　　(火车)

② (骑)　　坐　　买

③ 去银行　　(回家)　　去超市

2 잘 듣고, 내용과 일치하는 그림을 찾아 순서대로 번호를 써 보세요.

2 　　1 　　3

① 你怎么回家?
② 我坐地铁回家。
③ 明天见!

3 잘 듣고, 빈칸에 알맞은 단어를 한어병음으로 써 보세요.

① zìxíngchē 　　② qí

③ dìtiě 　　④ zuò

4 설명 을 읽고 보기 에서 알맞은 병음을 골라 써 보세요.(성조 생략함)

보기

mai	mingtian	feiji	gonggongqiche	xin

설명

```
              m
g o n g g o n g q i c h e
              n
          m   g
          a   t
        f e i j i
              a
          x i n
```

① [세로] 오늘의 다음날이에요.

② [가로] 여러 사람이 타는 교통수단이에요.

③ [세로] '팔다'의 반대말이에요.

④ [가로] 하늘을 나는 교통수단이에요.

⑤ [가로] '오래되다'의 반대말이에요.

5 단어를 순서대로 써서 문장을 완성해 보세요.

❶ 买 新 的 昨天

어제 새로 산 거야. 　昨天新买的。

❷ 回家 怎么 你

넌 어떻게 집에 돌아가? 　你怎么回家？

52

6 대화를 읽고 물음에 답해 보세요.

阿丽, Ālì, ㉠ 이거 네 자전거야?

㉡ 好像新买的。 Hǎoxiàng xīn mǎi de.

对, 昨天新买的。 Duì, zuótiān xīn mǎi de.

我 ㉢ 自行车回家。 Wǒ □ zìxíngchē huí jiā.

❶ ㉠의 문장을 올바르게 쓴 것을 고르세요.

这是自行车你的吗？
Zhè shì zìxíngchē nǐ de ma？ □

这是你的自行车吗？
Zhè shì nǐ de zìxíngchē ma？ ○

你的自行车这是吗？
Nǐ de zìxíngchē zhè shì ma？ □

❷ ㉡ 문장의 뜻을 우리말로 쓰세요.

뜻 마치 새로 산 것 같아.

❸ ㉢에 들어갈 단어를 고르세요.

见 jiàn □ 　坐 zuò □ 　骑 qí ○

53

7 그림에 맞는 문장을 보기 에서 골라 써 보세요.

보기

好像是外国人。
Hǎoxiàng shì wàiguórén.

我骑摩托车去超市。
Wǒ qí mótuōchē qù chāoshì.

我坐飞机去中国。
Wǒ zuò fēijī qù Zhōngguó.

好像见过你。
Hǎoxiàng jiànguo nǐ.

❶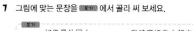

好像见过你。
Hǎoxiàng jiànguo nǐ.

❷

好像是外国人。
Hǎoxiàng shì wàiguórén.

❸

我坐飞机去中国。
Wǒ zuò fēijī qù Zhōngguó.

❹

我骑摩托车去超市。
Wǒ qí mótuōchē qù chāoshì.

54

8 획순에 맞게 한자를 따라 써 보세요.

好像
hǎoxiàng
마치 ~인 것 같다

新
xīn
새롭다, 새로

9 위에서 연습한 단어로 문장을 완성하고, 따라서 써 보세요.

마치 새로 산 것 같아.

好	像	新	买	的	。
Hǎo	xiàng	xīn	mǎi	de	

55

67